2

LA GRAN CANANA

JAIME BEL

4

JAIME BEL

Madrid, 1977.

Empresariales (UFV), Economía (UCM), Máster Empresas (CEF), MBA Executive (IDE-CESEM).

Telefónica, Citibank, PSA Peugeot-Citroën, Hertz.

Ahora opera como Trader independiente en los mercados financieros.

6

No es económico, ni político. Tampoco social y mucho menos moral. El recorrido de este ensayo es transversal.

El sentido del acontecimiento muestra siempre el sinsentido de nuestros actos. Si no ocurriera, es que todo fluye.

El grado y la repercusión de los mismos es un espejo de nosotros.

Así, bajo este paradigma, arranca la primera de las siguientes páginas con una vehemencia propia a la altura de los acontecimientos.

8

El siglo XXI ya ha cambiado. Definitivamente es una nueva era para todos. Cierto es que se ha hablado de muchas cosas de lo que puede ser y será. Es difícil pronosticar futuros y tampoco creo que ayude a nadie hipotéticos escenarios. Lo que se trata no es de adivinar el futuro que por una parte sería casi imposible. Lo que se avanza en este ensayo es fijar el marco de actuación de la sociedad futura que ya ha iniciado sus pasos inevitablemente.

Entiendo que a la mayor parte de los ciudadanos les asuste el cambio. Pero bien es cierto que no existe tal de forma repentina sino que va dándose de forma paulatina sin que apenas nos demos cuenta. Sólo mirando la vista atrás y fijando como referencia un año o una situación profesional, laboral o personal, sólo así podremos ver cuánto han cambiado las cosas en un periodo de tiempo razonablemente corto sin apenas habernos dado cuenta.

Piensen ustedes por un momento cuantos años llevan usando los llamados smartphones. Quizá sea usted de los avanzados y lleve como mucho desde 2009, pero la gran mayoría, es decir, el ciudadano medio usa a diario este aparato revolucionario desde 2013, no más. Eso quiere decir que desde hace pocos años nuestra forma de funcionar ha cambiado y mucho.

Ustedes seguirán creyendo que no es para tanto. Este simple aparato ha sido una revolución y un cambio en los hábitos del ciudadano medio, que a la sazón, genera un cambio en lo económico.

Usted mira sus cuentas bancarias por smarphone. También puede realizar transferencias, devolver recibos, pedir documentos a su gestor personal vía chat y descargárselos en su dispositivo en documento pdf y enviarlo por mail desde el mismo aparato sin salir de su casa. Puede comunicarse gratis por texto, audio y video llamada por las diferentes aplicaciones de mensajería instantánea con quien desee y gratis al otro lado del mundo. Puede acceder a redes sociales y generarlas sea como profesional o como usuario particular. Puede estar informado a cada minuto con ese aparato. Lo puede usar como agenda, despertador, linterna y que se yo por las miles de aplicaciones que puede descargarse. Puede hacer la compra y pagar desde el mismo dispositivo. Puede ganarse la vida digitalmente, ser periodista freelance, trader, inversor, coach de cientos de especialidades, divulgador, escritor, locutor y miles de oficios que hay y vendrán. Cualquier profesional liberal está abocado a morir en este terminal de hoy y que posiblemente derivará en otros diferentes en un futuro próximo.

Podría estar así varias páginas. Ahora piensen sólo en lo que les he dicho y piensen que tan sólo hace apenas unos años nada de esto podía hacerse sin haber un desplazamiento físico a un lugar con lo que todo ello conlleva. Usted ahora no tiene esa necesidad porque puede hacerlo desde su smartphone con un clic.

Les he dicho que hablo del siglo XXI. Para qué hablar de la revolución internet. Bill Gates hará no más de 25 años y en una de sus presentaciones y con muchos periodistas especializados en la materia, comentó que no estaríamos muy lejos de que en cada hogar la gente tendría acceso a internet como lo tiene a la luz o al agua corriente. No sólo eso, sino que sería una necesidad. La gran mayoría rió. Después de 25 años de aquello no sólo no produce carcajada sino que lo que Bill Gates aventuraba ya lo hemos asumido desde hace más de diez años. Es decir, quince años después de que Bill Gates pronosticara el potencial de la herramienta internet, ya estaba asumido como tal.

Con esto quiero decir que hace 25 años los especializados reían de algo que hoy el ciudadano medio tiene asumido desde hace quince años como el microondas de su casa.

Es impensable ir por el mundo sin internet.

Pero eso ya es del siglo pasado. Yo quiero hablarles del S.XXI y de sus más que probables oportunidades, fortalezas, debilidades y amenazas que acechan al humano en esta revolución tecnológica que se presupone ya la gran revolución de las revoluciones.

Como en todo, el humano es un gigante que acaba adaptándose sea de inmediato o tarde cien años pero adaptándose por propia supervivencia y sentido común.

Al hilo de lo que comentaba antes. Háganse a la idea de que el smartphone tal cual lo conocen hoy ya está obsoleto. La inteligencia artificial ya está presente y lo mecánico y digital coexiste hasta su más que presumible fin.

El smartphone se ha cargado a la gran banca. Miles de empleados de sucursales bancarias se han ido a la calle y no ha sido por el fenómeno internet. Habrán visto como se han ido cerrando sucursales y fusionando bancos en la última década. Aún queda. Como así está sucediendo, la banca tradicional ha muerto y está llegando la banca personal. Ya están siendo presentes en algunas ciudades bancos transformados en coworking, cafetería y banca personal. Pero créanme si les digo que este modelo antes de que empiecen a aplicarlo el resto de bancos tradicionales como salida a su actual modelo de negocio obsoleto ya estará muerto. Créanme si les digo que hasta la banca ha muerto tal cual la conocemos hoy día en cualquiera de sus versiones. Es muy probable que los diferentes medios de pago que hoy existen se atribuyan parte del pastel. Mucho tiene que decir el fenómeno Blockchain y grandes marcas corporativas conocidas por todos. Es el sistema financiero mundial no lo olviden. No es baladí.

¿Han pensado en los miles de puestos de trabajo que ello suponen?. Es más, ¿realmente han pensado que los que aún trabajan en sucursales o en esas centrales en edificios innovadores realizan tareas productivas?. Creo que un procesador con una inteligencia algorítmica podía hacer su trabajo hoy mismo. No hace falta tener un departamento de riesgos para conceder o no créditos. Basta con un buen sistema de credit scoring que se actualiza al segundo según el cash flow de la entidad, el nivel de morosidad que tiene el banco por segundo y las necesidades de la entidad según objetivos y campañas de la competencia. Eso así medido no sería capaz de hacerlo ningún humano minuto a minuto. En cambio una máquina puede hacerlo hoy mismo. Díganme una cosa ¿de verdad creen que el usuario prefiere un humano a una máquina?. ¿Creen que esa es la pregunta?. Creo que el usuario desea un buen servicio, rápido y efectivo. Con la flexibilidad de cambiar su crédito al minuto por cantidades y meses según el tipo que se le aplique. Y todo eso desea hacerlo con un clic y no esperando soporíferamente pegado al teléfono a ver si le atiende un gestor telefónico con las responsabilidad limitada por jerarquía.

No deseo extenderme más pero como ejemplo sirve y basta para que ustedes puedan pensar cuantas cosas puede hacer la tecnología como bien común y de forma efectiva y cuantas cosas puede llegar a no hacer o mal hacer en detrimento de muchos.

Apliquen el sentido común y abran su mente. Si se resisten y no se adaptan van a morir socialmente.

¿Saben que la gente entre 18 y 30 años no pretenden comprarse un vehículo?. ¿Han pensado lo que representa eso para el gran sector automovilístico?. ¿Han pensado que los que hoy tienen entre 18 y 30 años dentro de diez años supondrán el 50% de la población que ya no querrá comprarse un coche porque no lo necesita?. ¿Verdad que sí?. Pues apliquen el sentido común como en la banca y empiecen a calcular lo que supone. ¿Has pensado que tampoco su modelo social es la familia?. Eso hace que el mundo esté cada vez más envejecido con lo que ello conlleva.

En el foro económico mundial de Davos ya se plantea desde hace tiempo estas cuestiones y su dimensión e impacto en lo social y económico.

Ustedes pensarán que soy un catastrofista. Es normal. Lo piensan porque están cerrados al cambio y no quieren que nada cambie si eso les va a afectar. Todo lo contrario. ¿Se imaginan que su bisabuelo se hubiera quedado arando con mulas y viajando en carro?. ¿Imaginan que sus abuelos hubieran hecho lo mismo?. ¿Se imaginan que fueran a fregar al rio, fregaran los suelos arrodillados y calentaran la casa con carbón?. Ante esto, son muchos los que dicen que ese era un tiempo mejor y yo no voy a ser quien les diga lo contrario pero si les digo que no conozco a nadie que friegue arrodillado, friegue en el río y caliente la casa con carbón y hoy perfectamente podrían hacerlo. ¿Se dan cuenta de la magnitud de las cosas?. ¿Se dan cuenta de que ustedes creen que son los únicos que han sufrido cambios y por eso se aferran a ellos?. ¿Se dan cuenta de que el hambre y la miseria era antes aun peor, el analfabetismo, las guerras, la vida dura, la esperanza de vida?. Qué decir de la medicina, las instituciones. ¿Se dan cuenta de que todo es un desarrollo continuo?. ¿Aún creen que sólo ustedes han venido a este mundo?. Lean historia, documéntense, viajen, aprendan por sí mismos. Abran su mente y sólo a partir de ahí comenzarán a ver que siempre es una mejora. No lo digo yo. Así ha sido siempre. Siglo a siglo, era a era. Ustedes vivirán mejor en términos globales que sus padres y sus padres de sus abuelos y así sucesivamente. Siempre fue así. Sólo los catastrofistas se atreven a desafiar la evidencia de siglos de evolución. Sé que aun hoy día hay gente que dice que cura el mal con las manos y gente que cree en ello. La realidad es que la ciencia lleva siglos evolucionando y demostrando lo que es curable y lo que no. Pero insisto, hoy día hay mucha gente que cree que la curación de manos existe a pesar de siglos de investigación médica. El humano es así.

Estamos de acuerdo de que el mundo que viene es consecuencia de una revolución tecnológica que está haciendo cambiar el modelo productivo y con ello los hábitos de consumo y de vida. Todo ello va a hacer cambiar la estructura social desde el punto de vista institucional, fiscal, consumo etc. Pero el gran cambio que está por venir es el sistema global mundial.

Más allá de la revolución tecnológica que está incidiendo en nuestra sociedad a la marcha de gran revolución y que está modificando nuestros hábitos de consumo, formas de comunicarnos, movernos y viviendo de una forma más que generalizada en medio mundo. Más que eso el gran reto que se avecina es un nuevo sistema económico mundial.

En estos momentos estamos en un sistema global en el que predomina el capital y así su sufijo por todos conocidos capitalismo. Éste vino como final de un sistema feudal y que luchó durante muchos años a la par que el comunismo. Finalmente ha sido el capitalismo el que se ha impuesto de forma masiva en todo el mundo desde hace ya siglos.

Por poner precedentes a nuestro sistema actual. Lo que antes fue el feudalismo caracterizado principalmente por según su denominación *"sistema político predominante en Europa Occidental de los siglos centrales de la Edad Media (entre los siglos IX y XV, caracterizado por la descentralización del poder político; al basarse en la difusión del poder desde la cúspide (donde en teoría se encontraban el emperador o los reyes) hacia la base donde el poder local se ejercía de forma efectiva con gran autonomía o independencia por una aristocracia, llamada nobleza, cuyos títulos derivaban de gobernadores del imperio carolingio (duques, marqueses, condes) o tenían otro origen (barones, caballeros, etc.)."*

Posiblemente este sistema tuvo su final y poner una fecha de referencia en 1789 en Francia con la toma de la bastilla. Es a partir de ahí cuando se inicia muy poco a poco el inicio de otro sistema económico, político y social que finalmente junto con la máquina de vapor y el éxodo rural en la campiña inglesa iría desarrollándose lo que hoy conocemos como capitalismo. Este concepto viene descrito así **"Sistema económico y social basado en la propiedad privada de los medios de producción, en la importancia del capital como generador de riqueza y en la asignación de los recursos a través del mecanismo del mercado."**

Todo sistema ha ido marcando una época. Unos más que otros, más siglos que otros donde en parte han jugado dos elementos transformadores de un sistema a otro. Uno claramente ha sido el desarrollo de la maquinaria y la tecnología y otro y no menos importante los movimientos sociales que han ido transformado esas diferentes formas de vivir.

Generalmente han ido de la mano. Esos movimientos han venido precedidos de un hartazgo generacional y un sentimiento de opresión popular de los más poderosos hacia abajo. Bien por personal o instituciones.

Echando la vista atrás y por cerrar la historia más reciente o al menos desde que tenemos calendario regulado global. Antes del sistema feudal o feudalismo estuvo el imperio romano.

No olvidemos que imperios hubo muchos pero el romano fue un claro ejemplo precedente al feudalismo como sistema económico político y social de una época que lideró muchos siglos. Más de diez siglos sobradamente. Nadie se atreve a poner fechas de inicio y de fin puesto que son etapas largas en las que paralelamente van surgiendo acontecimientos en el mundo que poco a poco van consumiendo el sistema de la época.

Quizás como vengo apuntando en este libro, estemos más que de forma argumentada en este nuevo final e inicio de un nuevo sistema. Sólo hay que mirar la historia y desgranar y analizar lo que sucedió tiempo atrás.

A partir de aquí, y como ya sabemos, el inicio de un nuevo sistema camina en un desarrollo firme pero lento en el que empiezan por aparecer los primeros síntomas en las sociedades más desarrolladas y así evolucionando y arrastrando a sus periféricas y menos desarrollados.

Lo que viene sucediendo en gran medida en nuestro sistema capitalista principalmente es un agotamiento propio del sistema. No se trata en este libro de hacer grandes tesis ni de este ni de ningún otro sistema. Tampoco lo pretendo y entraría quizá en un soporífero ardor mental que desilusionaría al más concienzudo. El sistema capitalista está agotado literalmente. Realmente esto ya sucede desde hace varias décadas. Las crisis económicas que han venido dándose han sido los coletazos de un cuerpo moribundo que intenta respirar de forma precaria. El médico llamados bancos centrales han ido medicando a este enfermo sistema a la par que envejecía y le salían nuevas patologías. El capitalismo ha variado en una salvajada económica basada en el crecimiento constante, el crédito y la deuda. Por simplificar, usted sabe que su sueldo no puede crecer de forma creciente y constante cada año. Es probable que el de algunos sí pero usted comprenderá que es inviable que todos los sueldos se incrementen año tras año. Y esto no acontece porque el capitalismo como sucede en los mercados financieros es un juego de suma cero, es decir, para que alguien gane otro tiene que perder. Tenga usted en cuenta que el dinero que circula en la sociedad y que todo el mundo necesita para vivir es limitado. Por tanto no se reproduce salvo excepciones para ayudar a mejorar una crisis económica con la consecuente inflación a tener en cuenta.

De esto hablaré más adelante. Es un concepto base para entender porque el capitalismo está haciendo aguas y hasta día de hoy no hay herramienta para hacer frente a tal desafío. Nadie hasta ahora. Ningún premio nobel de economía ha barajado tesis para la tesitura global económica en la que se encuentra el sistema. Les diré que no hay indicadores desarrollados para reflejar esta apoteósica caída. Los que existen se han ido desarrollando paralelamente con la propia evolución pero ninguna indica la decadencia, si la reducción, correcciones o las crisis como esos llamados "indicadores adelantados" pero no existe ninguno que indique el fin.

El mundo lleva siendo capitalista más de dos siglos. Todo se basa en la acumulación de capital por parte del sector privado y del individuo para invertir y rentabilizar. Para que tengamos más y más. Sé que es difícil entender ciertas cosas porque nosotros hemos sido educados y vivimos en este sistema, por tanto, el hecho de que alguien tenga una panadería y quiera abrir una más cada año, desde el punto de vista vital es ridículo. Lo que es aún peor, económicamente también lo es. Financieramente no es viable y ahora explicaremos el motivo de esto. Este razonamiento aplíquenlo a las medianas y grandes empresas. Les diré que sólo el 5% de las empresas de todo el mundo tendría capacidad económica para poder cerrar en un momento determinado y ganar dinero neto una vez realizadas las gestiones para completar el cierre definitivo, es decir, despedir y compensar trabajadores, pagar los acreedores a corto, medio y largo plazo, pagar los impuestos pertinentes y una vez haya realizado todo eso le quedara dinero en el bolsillo. Por el contrario, según está establecida la contabilidad financiera y de costes usted podría analizar su balance según esos criterios y principios que regulan las diferentes contabilidades y serían óptimas en cuanto a viabilidad se refiere. Es decir, ¿las mismas empresas que no podrían cerrar en un momento determinado las regulaciones dicen que son viables?. La respuesta es SI. Aplíquenlo al ciudadano medio que no le basta con una casa sino que querrá una segunda vivienda en la playa, la tercera en la montaña. En parís, new york y así sucesivamente por tamaños y calidades. Como digo es difícil de entender porque nuestras raíces están basadas en este sistema y porque nuestro ADN lo lleva impreso.

Hay una línea fina difícil de diagnosticar, separar y determinar.

Es muy probable que los defensores del capitalismo me tacharán de comunista por decir lo que digo. Ni soy comunista ni ferviente capitalista. Es importante el capital pero muy diferente el capitalismo feroz. Vayamos a la tienda panadería del Sr.Pérez digamos, y su ejemplo es extensible para pequeñas, medianas y grandes empresas multinacionales o no.

El Sr.Pérez tiene una panadería obrador. No sólo hace y vende pan sino que años después de abrir el negocio también hacía repostería, y pocos años después amplió su negocio con una pequeña cafetería. Tiene mucho éxito en la zona porque es muy agradable el lugar y tiene calidad a un muy buen precio. Trabaja mucho y tiene libre días con los que lo comparte con su familia incluidas vacaciones estivales y navideñas. Todo hay que decir que las sucesivas ampliaciones de su negocio no hubieran sido posibles sin la ayuda de una entidad bancaria que le prestó el dinero para las oportunas obras de remodelación y compra de maquinaria nueva. Con la ampliación del negocio contrató a un repostero profesional y un empleado para servir las mesas de la cafetería. La deuda se inicia y se propaga como el fuego de forma exponencial a un interés más agresivo que el compuesto.

A partir de aquí empieza el capitalismo feroz. Y les diré que sucede con el Sr.Pérez y su familia. No es algo que me vaya a inventar sino que es muy probable que usted sea el Sr.Pérez o que vivas rodeado de Sres. Pérez.

Un día el Sr.Pérez ve la posibilidad de poner un segundo local en la ciudad en la que vive con las mismas condiciones de servicio y nombre. Para ello intenta alquilar ese local que tiene las características idóneas para ello. Habla con el banco para un crédito pero el banco le asesora de que es mejor la posibilidad de constituir una sociedad en lugar de ser un autónomo como hasta ahora. Podría deducirse mucha parte de sus inversiones. Esa misma noche el Sr.Pérez le traslada a su mujer la idea. Le dice que pueden ser empresarios en lugar de panaderos, dar puestos de trabajo, ganar más dinero, tener más y mejores servicios para él y su familia como un coche o coches mejores, mejor ropa, mejores y más lejos vacaciones, un colegio privado, sanidad privada, peluquería estética y una inscripción en el club de golf. Allí también podrán ir a comer los domingos en familia para que todos vieran incluido su familia lo bien que va todo. El problema radica cuando pierdes el oficio.

Les contaré la realidad.

El hecho de constituir una sociedad tiene un coste. Pedir un crédito para abrir el negocio nuevo tiene un riesgo y la obligación de devolver al banco lo prestado también. Asesorarse también. Porque el Sr.Pérez tiene como sueño llegar a tener una red de panaderías pastelerías y cafeterías con su nombre no solo por su ciudad sino ir expandiéndose por todo el país. Y para ello ha contratado una empresa de marketing para el diseño del nuevo logo, estudios y viabilidad del mercado y una web profesional para que además puedan hacer pedidos online. Para ello ha comprado varias motocicletas con reparto a domicilio. Ha contratado dos personas más de momento para el reparto en su ciudad. Su asesor le comentó que ahora que tiene una sociedad puede deducirse gastos con la finalidad de reducir el posible beneficio anual si lo hubiera y poder pagar menos impuestos a hacienda. El asesor le ha dicho que debería cambiarse el coche y así lo pondría como gastos de representación y tener una buena imagen como gerente del negocio cuando tiene que negociar posibles contratos. Ahora el Sr.Pérez ha abierto una nueva línea de negocio y es la de catering. También se dedican a eventos sean presentaciones, bodas, reuniones de empresas, etc. Para ello ha comprado un camión frigorífico y diseñado para trasladar todo el pedido según el evento y poder servir el pedido in-situ. Para ello ha contratado dos personas más especializadas en eventos de catering. El asesor le dijo que con un renting o leasing de empresas puede financiar tanto el camión como el nuevo vehículo y así no tocar el cash que tiene en caja para ir pagando a proveedores. Por tanto la deuda del camión, el coche particular, el crédito del banco y otros varios pueden considerarse como acreedores a medio plazo y así ir pagándolo mes a mes, incluidas las líneas de créditos contratadas. Si no pagara las deudas a corto plazo, estas pasarían a ser medio plazo y si no pudiera por nuevas inversiones pasarían a calificarse como deudas a pagar a largo plazo.

Ahora que ya tiene dos locales en pleno funcionamiento diremos dos cosas, una de que aquello de que la economía es suma cero es cierto. En la ciudad donde están los locales tienen un PIB concreto y el hecho de que gane más él porque tiene dos locales es por la sencilla razón de que aquellos que compraban en otro lugar van a comprar al local del Sr.Pérez. Bien podría ser que aquellos que no compraban en ningún local y ahora lo hagan en el del Sr. Pérez destinaran menos dinero a comprar en otro tipo de comercio pues gastaron en el del Sr. Pérez. Y dos y más importante y clave de la esencia del capitalismo feroz. El Sr. Pérez ahora tiene más trabajo, más responsabilidades, más deuda, más obligaciones financieras, más riesgos a cambio de tener más ganas de más dinero si lo gana. Esta sería una variable muy variable y a cambio de tener todo lo anterior nombrado y menos tiempo para él, para su familia, para sus vacaciones entre otras cosas. Este es el formato capitalista feroz en el que hemos sido educados y que se está agotando por saturación del propio mercado, del individuo y el hartazgo generalizado porque como no paro de repetir, la economía es un juego de suma cero y estamos a punto de convulsionar porque siempre son los mismos que ganan todo y se reparten todo y sigue la tendencia en este sentido. El último informe indica que el 2% de la población mundial tiene la misma riqueza que el 98% restante.

El caso del Sr.Pérez es representativo en la economía que entendemos y conocemos. En las últimas dos décadas hemos visto un giro de tuerca al respecto. Y es la siguiente.

El Sr.Pérez y su buen hacer después de treinta años de labor. Muchos otros se quedaron por el camino ya que el negocio y sus ideas no fueron del todo aceptadas y por una mala gestión o por un cambio de hábitos. La cara B de la economía no se suele contar pues es la bancarrota y la deuda a perpetuidad con el banco. Lo que si se cuenta es la del emprendimiento como un fenómeno social sin contar las posibles caras B sino se hacen las cosas con conocimiento y criterio. Se adoctrina a la masa para que se vayan estrellando contra sus propias ideas bajo un precepto o gran premisa en la cual cualquiera puede emprender y ser exitoso. ¡Cuidado!.

Pero siguiendo con el caso del Sr.Pérez después de treinta años de éxito comercial y tres casas, buenos coches y la reputación social, ha sido comprado por una gran marca para que ésta siga añadiendo cafeterías a su ya red mundial. El Sr.Pérez tuvo una oferta de una gran compañía a nivel mundial por la cual adquiría sus doce locales y su negocio global consolidado en la zona por una no despreciable cantidad de dinero. El Sr.Pérez tras comentarlo con su mujer decidieron dar el Sí quiero a esta oferta. En consecuencia, esta gran compañía mundial seguiría añadiendo a su ya red establecida por el planeta otros doce locales a su red. Para el Sr.Pérez es perfecto porque puede dejar de trabajar y tener más dinero en el banco del que nunca había soñado. Y desde el punto de vista de la compañía multinacional se hace con un negocio consolidado , viable y rentable muy establecido en esa zona determinada sin el riesgo de asumir una inversión desde cero y que no haya rentabilidad en dicha inversión. De esta manera el riesgo se elimina y la inversión total se reduce de una forma considerable ya que el personal está formado, la imagen de marca está consolidada en la zona y por una menor cantidad de dinero de lo que podría costar poner en marcha todos esos locales y darles viabilidad. Al Sr.Pérez por mucho menos quedan satisfechas de largo sus pretensiones económicas. Realmente el Sr.Pérez lo que quería desde un principio era tener mucho dinero, ganar mucho dinero cuando empezó con el segundo local y fue expandiéndolo. Pues bien, ahora lo tiene sin la necesidad de trabajar cada día y de asumir riesgos y preocupaciones. Por tanto desde el punto de vista comercial es un acuerdo justo para los dos.

Los ex-empleados del Sr.Pérez ante sus nuevos jefes y propietarios tenían dos opciones. Bien renunciar a su nuevo contrato laboral o asumirlo. Las condiciones son en términos reales peores. Menos salario y peor horario. Antes los empleados del Sr.Pérez trabajaban de Lunes a Sábados intercalando días festivos con días libres. Es decir, obviamente no se trabajaba el Domingo y a cada empleado le tocaba trabajar dos Sábados al mes. Ahora las condiciones de horario son trabajar fines de semana y librar entre semana. Entre tanto, el salario es más bajo porque trabajan menos horas pero están más presentes. Es decir, con el Sr. Pérez tenían un horario de corrido. Trabajaban por turnos. Mañana o tarde. Ahora, se trabaja a turno partido. Eso hace que finalmente incurran en trabajar más porque acaban comiendo en el establecimiento o cerca de él quien vive lejos. También a estar más presentes en el mismo. No es lo mismo trabajar de 7 a 15 que de 9 a 13 y de 15 a 19 pese a que son las mismas horas. Por cierto. Las vacaciones también son las mismas. Los mismos días de disfrute. La diferencia radica en que el Sr. Pérez cerraba todo el mes de Agosto el establecimiento, ahora nunca se cierra el establecimiento y deben coger las vacaciones en función del mes y carga de trabajo. La disminución de salario, de tiempo y del aumento del presentismo en sus tareas laborales hace que la clase media sea menos media. Todo esto presenta unos efectos coyunturales que hoy día pueden medirse pero que es difícil prever a futuro esta sistematología. El nivel cultural general de la clase media está descendiendo vertiginosamente. No se tiene capacidad de ahorro. No se proyecta a futuro. No se lucha por una causa, no se tiene una concepción del mundo porque no se lee, no se informan, no se viaja y como resultado se genera un inconformismo generalizado desarrollando estado o mini estados nacionales. La diferencia entre ricos y pobres cada vez es más grande. Más pobres y menos ricos más ricos. Se está perdiendo derecho y capacidad de igualdad de oportunidades. A pesar de que todos tienen de todo. Y eso hace que sea más fácil domesticar a la población. Es un juego perverso en el que es difícil ponerle freno. El mismo desarrollo lleva a que todos tengan de todo pero sin poder de decisión siendo una sociedad clónica. Todos piensan igual y hacen igual. Mismos gustos, colores, ambiciones, sueños y miedos. En definitiva, se está adquiriendo el vicio y la tendencial gradual en masa de vivir sin sentido.

Existe en estos momentos una cultura popular del buenismo. Eso está contagiando a la gran masa. Se les hace ver que son capaces de todo con tal de pensar en ello. Que pueden alcanzar aquello que se propongan. Que son viajeros, aventureros, son gente informada que tiene un ferviente conocimiento de las cosas. La realidad es bien diferente. La sensación es clara. El narcisismo está presente gracias al buen desarrollo de las redes sociales.

Todo ello es causa de la gran comodidad generalizada. Desde el mando a distancia hasta tener acceso a prácticamente a toda comodidad por un módico precio mensual. La tendencia aunque banal es claramente esa. Bueno o malo es una tendencia con una tendencia alcista desde ya varias décadas y que en los últimos años ha agudizado su escalada por el auge de la digitalización de los famosos algoritmos.

Tengan ustedes en cuenta que cualquier persona de clase media hoy día puede hacer de todo o casi de todo o al menos aproximarse. Desde comprarse un buen coche, irse de vacaciones bien lejos hasta estar a la moda todo gracias a las cómodas cuotas mensuales. Hasta aquí no existe ninguna novedad porque todos somos víctimas y verdugos de nosotros mismos. Ustedes pueden viajar a París por un módico precio, alojarse en un apartamento vía aplicación móvil y pagar por un intermediario financiero de la misma manera. Las compañías aéreas de low cost no paga a sus pilotos ni personal de vuelo como otras compañías décadas atrás. Tampoco la competencia era la misma. La liberalización de los sectores hace que muchas compañías quieran comer del pastel y entre ellas compitan en precios a cambio de sueldos y calidad de sus servicios. Pero eso es algo que valora el usuario. Éste ha pasado de valorar volar a parís y que le den de comer y embarcar directamente en finger y aterrizar en el aeropuerto principal a tener una segunda opción más barata sin ninguna de las comodidades antes descritas. Es decir, puedes hoy volar a parís por una quinta parte del precio sin comer en el avión, embarcar en finger ni aterrizar en el centro de la ciudad. Y a horas más periféricas. Todo ello está estrechamente relacionado con el caso del Sr.Pérez y su pequeña cadena de pastelerías, panaderías y cafeterías. El modelo es el mismo, el del crecimiento constante.

Verán, no entiendan que el grande se come al pequeño. Que obviamente eso existe, ha existido y existirá siempre, sino el cambio de modelo productivo por el constante desarrollo mecánico y la incursión de la tecnología y la digitalización de los procesos.

Años atrás, muy probablemente nadie hubiera comprado el negocio del Sr.Pérez. Hoy día ha sido posible por la posibilidad de producir en masa a muy bajo coste por la tecnificación de los procesos. Poder distribuir ese producto a cualquier punto del mundo por el desarrollo logístico y poder venderlo en los puntos de venta como recién hecho exige una sofisticación de los procesos que décadas atrás hubiera sido imposible por muchas ganas que el grande quisiera comprar la cadena de negocio del Sr.Pérez.

La consecuencia más directa de este modelo es que cada vez más los sectores sean cuales sean están en mano de grandes corporaciones. Los pequeños son comprados por estas y sus tentáculos van por todos los continentes. El pequeño está encantado por el dinero a cambio que reciben. Esto ha ido desarrollándose hasta el punto que hoy día ya se ha afianzado la famosa idea de startup que no es más que el desarrollo de una idea para que una gran corporación la compre y con su capital y músculo financiero pueda implantarla. Este fenómeno solo es posible en el mundo digital , de ahí la corriente de la creación de startups por parte de ingenieros a la caza de la gran corporación para ser comprado. Realmente en este caso lo que se está comprando es prácticamente la propiedad intelectual de quien ha diseñado esa idea o en muy pocas ocasiones quizá el desarrollo en la práctica del negocio en una muy baja escala. También existe la opción de que las startups no se quieran vender pero si buscar financiación o socios capitalistas que generalmente suelen ser grandes corporaciones pero sin llegar a ser dueños absolutos sino tener participaciones en el accionariado y recoger los futuros beneficios .La propiedad y el desarrollo sigue estando en aquellos que iniciaron la idea en un alto porcentaje de las acciones de la compañía.

Verán que todo parte de lo mismo. El fondo es el mismo pero con el desarrollo tecnológico cambian las formas y susceptiblemente van cambiando los modelos de producción y así los hábitos de consumo de los propios consumidores y demandantes.

Decía el fondo, si, el fondo siempre es el mismo y los fondos que manejan la economía global también. Deben saber que el 75% del PIB mundial está acumulado en la llamada economía financiera. Básicamente fondos de inversión, hedge funds o cualquier nombre que se le va denominando en función de los tiempos que corren. Todo cotiza en las pantallas con gráficas donde todo cotiza y es referencia de precios. Y si, el resto, el 25% responde a la economía real.

Verán, el Sr.Pérez es economía real y financiera. Ustedes dudarán porque todo lo que hace se asemeja a una vida real y nada financiera. Quizás muy parecida a la de usted. Tenga usted en cuenta que la hipoteca de la vivienda habitual del Sr.Pérez es economía financiera. Ese préstamo concedido por su banco tradicional con una sucursal en la calle principal de su ciudad ha sido gracias a que dicho banco ha pedido prestado ese dinero al mercado a un bajo interés para prestárselo a su vez al Sr.Pérez a un más alto tipo de interés. La diferencia de los tipos es el margen de beneficio del banco que le ha concedido el préstamo. Quizás sea probable que ese dinero pedido prestado por la entidad bancaria local provenga de una entidad extranjera. Esa es la razón de la famosa globalización. Nada es local sino global. De ahí que cuando las economías fuertes decrecen afectan a las periféricas. Ese fenómeno global afecta a todo y todo está conectado. Un fenómeno propio de la globalización es la llamada deslocalización. Y eso también está en la vida del Sr.Pérez antes y ahora que ya no es propietario de su negocio. Antes lo era porque gran parte de sus productos eran de importación y no era producción local ni nacional y lo más relevante es que tras la adquisición de la gran cadena multinacional es un fenómeno de deslocalización clásico. Finalmente el cliente de ese local está comprando productos a una empresa que paga sus impuestos fuera y es así porque es una corporación multinacional. Esa misma multinacional tiene su accionariado repartido entre varios propietarios y entre ellos y el más importante es una sociedad de capital riesgo que invierte en negocios viables a medio y largo plazo. Parte del accionariado de esa sociedad capital riesgo es un fondo de inversión qatarí seguramente que opera en bolsa para rentabilizar sus inversiones a sus clientes que son los que depositan dinero en él para obtener rentabilidades a final de año. Verán que en la vida del Sr. Pérez el 75% es economía financiera y entenderán el motivo de que si esos negocios no funcionan finalmente se ve repercutido en el cliente americano que ha invertido en el fondo qatarí. De ahí que las crisis sean también globales y afectan al común de las economías porque todas está globalizadas e interconectadas.

Realmente todo lo narrado anteriormente pertenece al pasado. Quizá pensaba que era el futuro actual. Se equivocan. El futuro del que hablo aún está por llegar. También es cierto que todo está preparado para darle al interruptor y empezar a funcionar. Digamos que todo debe hacerse con el tiempo necesario y suficiente para que la sociedad vaya digiriendo todo como es debido sin que haya revoluciones, importante este matiz. La posibilidad de que la masa pueda revolucionarse es algo con lo que cuentan los gobiernos y las instituciones de orden mundial. Usted no puede decirle a la sociedad que el 50% de la gente que tiene trabajos de baja cualificación van a ser suplidos por máquinas. Las grandes factorías, las grandes industrias van a ser manejados por robots. La robótica ya está penetrando en los sistemas de producción, de distribución, de información, etc. Usted no puede decirle a la sociedad que en quince años el 80% de los empleos del mañana aún no existen hoy. Usted no puede decirle a la sociedad que se va a producir un éxodo hacia las ciudades importante, o que la sostenibilidad de la sociedad de bienestar como la entendemos se va a extinguir. La merma de servicios gratuitos que existen hoy día como la sanidad, la educación, los servicios sociales, las carreteras o las pensiones van a verse afectadas de forma muy importante. Vamos a una sociedad en la que todos estaremos conectados en red y todos aportaremos laboralmente a esa red. Por tanto aquellos trabajos manuales y operarios se van a extinguir. La forma de cómo la gente va a producir está relacionado con esos nuevos empleos que están por crearse y que nada tienen que ver con lo que conocemos hoy día. Todo ello implica un radical cambio de hábitos. Las ciudades van a ser el centro de la vida, trabajo y ocio pero de una manera radicalmente diferente a la que hoy conocemos. La propiedad como tal dependerá de unos pocos, el alquiler será lo predominante para todo tipo de bienes y servicios. Nada que ver con la propiedad de casa, coche y bienes de consumo como hoy entendemos. El ocio se transformará al igual que el concepto vacacional. Hoy usted es un eslabón en una cadena de producción global en un sistema capitalista feroz en el que tiene derecho a 25 días de vacaciones o quince según culturas y países. Ese concepto va a verse modificado. Dispondrá de más horas libres y días a lo largo de su vida porque no trabajará 40 ni 50 horas a la semana. Ni tampoco tendrá que desplazarse a un centro de trabajo ni cumplir unas horas diarias. Usted va a mutar a nuevos conceptos de vida.

El hecho de que el 85% de la población mundial se vaya a concentrar en ciudades es meramente por una cuestión de economías de escala. Por poder acceder a servicios a un menor coste y así facilitar la vida entre todos. Más servicio a menor coste. La concentración en este sentido es clave tanto para los usuarios como para los productores. Piensen en que las ciudades estarán perfectamente optimizadas para que usted pueda desplazarse de forma barata y rápida, así como la vivienda práctica, servicios prácticos de gas, luz, lavandería, comida etc. Bastará con un clic para acceder online y ser suministrado. Vivir en la concentración de la ciudad hará que abarate mucho los servicios básicos. El trabajo a sueldo va a extinguirse y usted será responsable de su vida. La seguridad del estado va a extinguirse. Nadie va a jubilarse. Eso pertenecerá al pasado. No tendrá la necesidad por defecto cultural pero sobre todo porque su trabajo no le exigirá demasiada atención, desplazamiento y esfuerzo físico. La jubilación como hoy la entendemos dependerá de las capacidades de cada uno, de sus ahorros y responsabilidades y no por ley o por edad.

El grande se come al pequeño. Lo estarán viendo. Es un proceso que no se detiene donde quien gana es el más sofisticado técnicamente. Dense cuenta de que la tecnología protagoniza absolutamente todo. Y son y serán las compañías tecnológicas las que dirigirán el mundo. De hecho ya lo hacen. En el top diez mundial por facturación el 70% de las compañías son tecnológicas. Éstas son líderes con una décima parte de los costes que suponían serlo a la industria clásica y una décima parte de personal. Incluso son estas las que cada vez menos personal necesitan precisamente por el corazón de su negocio principal que representan y al que se dedican. Su continua tecnificación hace que constantemente requieran de menos personal por el automatismo de sus procesos.

Evidentemente hasta aquí dicho no es nada nuevo, quizá se haya matizado en según qué cosas y quizá quede por matizar en según cual otras. Pero el principal devenir y sentido de este libro no es sólo un pequeño diagnóstico de la situación económico financiera del mundo según su sistema y modelos productivos sino hacia dónde vamos y cuáles deberían ser las reacciones y serán los nuevos hábitos y formas de vida. Todo ello va desarrollando un nuevo sistema de vida, de modelo y de mundo que es una derivada de lo que hasta ahora conocíamos como sistema capitalista. El hecho de que el poder y los procesos se manejen tecnológicamente por unas pocas compañías mundiales puede que entremos en un nuevo sistema económico llamado CORPORATIVISMO. Un sistema corporativista en el que unas pocas pero grandes y fuertes corporaciones manejen la sociedad del futuro próximo.

Internet ha supuesto una revolución. La anterior fue la industrial, ésta es tecnológica. La anterior supuso el éxodo rural y la concentración en ciudades liderado por las fábricas. Eso hizo nuevos hábitos de consumo y nuevo devenir de la sociedad hasta la que se conocía en el momento. Lo mismo está ocurriendo en estos momentos. Obviamente nada ocurre de la noche a la mañana pero si está ocurriendo a una velocidad superior a la antes conocida.

No crean que es algo negativo, tampoco puede considerarse así, ni positivo. Sencillamente es un cambio de modelo en el que intervienen muchos factores como así sucedieron en las revoluciones precedentes. Pero principalmente el motivo fundamental es el desarrollo antes industrial y ahora tecnológico. Dense cuenta que en la revolución industrial pasamos de ir en carro a inventar la máquina de vapor, a producir en fábricas y generar cadenas de montaje. A partir de ahí toda la sociedad comenzó a bailar y vivir al son de esta nueva orquesta. Ya no se vivía en pequeñas casas donde la agricultura y la ganadería era el principal sustento. De la misma manera que antes ocurrió ahora está ocurriendo. Y evidentemente aquel que siguiera utilizando el carro y viviendo en una pequeña aldea quedaría muy alejado de una realidad que la mayoría comenzó a vivir como propia.

Tengan en cuenta que en estos momentos internet lidera la revolución. Ya pocos podrían vivir sin internet, sin conexión wifi en sus casas y mucho menos sin móviles. Este fenómeno lo lideran muy pocas compañías en el mundo. Todo lo que hacen pasa por las mismas compañías. Desde las búsquedas en internet hasta una cuenta de correo electrónico hasta la actualización de aplicaciones y altas de móviles. Pero el desarrollo no es sólo esto evidentemente. El desarrollo y la ejecución de los procesos está siendo tan alta que la aparición de las redes sociales está siendo un fenómeno radicalmente transversal en la sociedad. Pocos no tienen una red social. Pocos no compran por internet, ni miran sus cuentas, ni hablan con sus amigos o trabajan usando aplicaciones móviles. En breve todo va a estar conectado y toda nuestra vida será una conexión internet. La industria de la salud y la educación son dos pilares importantes que están liderando este posicionamiento en la red dejando atrás las viejas formas de actuar y proceder. En breve nadie irá al médico ni al colegio. Todo será en la red y así será legislado para que así sea. Esto va en la línea de hacer las vidas menos costosas y más eficaces. En breve los tumores se trataran como si fueran virus informáticos. El fenómeno algoritmo está protagonizando nuestro mundo y es así como se mueven la publicidad, la industria logística por ejemplo. El pequeño comercio ya ha muerto pero quien está comenzando a morir es la gran superficie comercial. El comercio del mañana será obviamente desde un terminal y existirán grandes centros logísticos y grandes canales de distribución por medios quizá drones, etc donde no existirá una tienda física. Es muy probable que toda esta industria la lidere la misma gran corporación que liderará el mundo económico. La velocidad de los procesos tanto de adquisición como de entrega será prácticamente isofacto. Los tiempos van disminuyendo. Mañana alguien podrá ir a París desde Madrid y volver el mismo día por un tema de trabajo con toda la normalidad del mundo a un coste relativamente bajo. Pero este es un ejemplo que ya no sirve para el futuro próximo. El trabajo no requerirá de desplazamientos ni de verse cara a cara , tampoco vía online. El sistema de producción será de reparto en red. Todos comprarán y venderán pero nadie sabrá a quien compra o a quien vende. Este trabajo será tarea de un mega algoritmo ejecutado por la computación cuántica quien distribuirá la tarea. Un desarrollador web estará online como tal oficio y alguien que desee esos servicios lo pedirá en red, será la red quien conectará uno con otro por coste, capacitación y tiempo de entrega y el pago se hará en el mismo momento mediante un desarrollo de pagos sea blockchain u otro fenómeno que estará por aparecer. Nadie conocerá a nadie pero todos estarán en red. Todos los pagos serán online, de ahí que el dinero virtual será el único que existirá para todo el mundo. La moneda clásica murió. Por tanto al ser online las retenciones fiscales se realizaran en ese momento. El mercado bursátil Forex desaparecerá y la cotización de las diferentes divisas mundiales clonará hacia otro fenómeno muy probablemente.

El hecho de que un individuo tenga un perfil oficial como hoy lo es el Documento nacional de identidad será lo propio en los próximos años. La red que no la gente sabrá tus ingresos, tu residencia, tu trabajo, tu estado civil, número de hijos, gastos, etc. Todo ello la red lo gestionará mediante algoritmo cuántico para que en un momento determinado dada tu condición de padre y trabajador quizá el sistema reconozca que en un mes determinado tus ingresos no son los necesarios para satisfacer las necesidades de tu familia por lo que el sistema te ejecutará un ingreso automático para llegar a final de ese mes. Otro mes más adelante será automáticamente el sistema quien se cobre dado el sobrante de ese mes quien retraiga de tu cuenta lo prestado. Todo eso funcionará de forma automática. Habrá productos que por condición a comprarlos vía online (que así será todo) tengan un descuento por tu perfil y habrá quien pague más que otros por un mismo producto dependiendo de tu perfil y condiciones.

Tengan en cuenta que todo será online. Todo incluso el dinero. Esto facilita enormemente la gestión de los recursos para la gestión de una ciudad o un estado. El algoritmo distribuirá los recursos de forma eficaz según las leyes y prioridades acordadas por todos.

Si el dinero sólo es digital será casi imposible defraudar o robar ya que constará en todo momento las transacciones. El dinero físico va a desaparecer por tanto será imposible pagar sin dinero virtual.

Otra de las cosas importantes es el papel de la administración. Su papel irá perdiendo presencia. Ideológicamente el mundo no será como hoy lo vemos. Será más técnico donde lo que prioriza es la eficacia y la eficiencia. Poco papel los sindicatos o la banca. Tengan en cuenta que hoy grandes compañías tecnológicas están desarrollando la banca del futuro y algunas de estas ya está trabajando en una moneda virtual. La banca que conocemos tiene 6, 10 o 60 millones de clientes. Estas hoy ya solo tienes miles de millones de clientes. Quizá pueda ser una de estas tu banco y será el banco de dos mil millones de personas solamente por la gestión de cobros y pagos de la venta de sus productos en todo el mundo. Quizá sea una de estas la misma dueña de los canales de distribución de esa venta de productos o incluso de todos los drones que funcionarán las 24 horas entregando a domicilio esos millones de productos en todo el mundo. ¿Entienden ahora lo del corporativismo?.

Este sistema a pesar de los detractores que habrá y no les quepe duda será el mejor sistema de asignación de recursos y hará la vida más barata y eficiente a los individuos. Aunará fronteras y será un mestizaje de culturas. Tengan en cuenta que estas corporaciones son ya una entidad mundial. Evidentemente usted vivirá en una casa más pequeña pero muchos podrán vivir bien y atendidos. Vivir será más barato por la eficiencia de la que les hablo y el hecho de que usted esté online en todos los aspectos el sistema verá si está activo o no, si gasta o no, si está convaleciente o no o si requiere de ayudas dadas las circunstancias o no. La distribución de la riqueza hasta ahora entendida venía siendo manejada por la administración pública que ésta en su mayoría obtenían una vez al año de los recursos fiscales para luego de la manera política se decidía distribuirla. El futuro irá asignando los recursos de forma automática según se obtienen y así su distribución de forma eficiente y al minuto. Por tanto no existirá una administración de hacienda con miles de empleados públicos pagados por todos y que gestiona a diario con su consecuente coste con el dinero de todos. No será así, será una macro algoritmo cuántico público y desarrollado con el fin de distribuir los recursos obtenidos al momento para que el desarrollo de la sociedad sea continúa en función de sus necesidades.

La seguridad y el control será la eterna cuestión. Donde llega una y acaba la otra. La limitación de las mismas no existirá. Se solaparán y el debate será un absurdo plantearlo.

El éxito del algoritmo y de la tecnología será la distribución correcta de la riqueza. En el siglo pasado eso no era posible. El hecho era que para poder hacerlo debía de pasar por muchas manos y ese era el fallo. La corrupción existía. Seguramente en el S.XXI seguirá existiendo pero no con la intencionalidad y el agravio del que estábamos acostumbrados. Será de otra manera pero no será posible en lo que se refiere a la distribución de la riqueza. Piensen ustedes y pónganse en situación. Todos seremos parte de todo sin cortafuegos.

Ciudadano de 2051, se llama Jim Cal de Mena. Habita en la ciudad de Madrid, en el apartamento de 35 metros en un edificio inteligente y domótico. Se enfría y se caliente aprovechando las condiciones meteorológicas por medio de placas y generadores y baterías de gran capacidad. Todo ello es abastecido a las 750 viviendas de todo el edificio. Jim no sale del edificio por necesidad en su rutina diaria. Allí trabaja, hace ejercicio y recibe la compra y a familiares y conocidos.

Las ciudades estarán ordenadas por el llamado efecto manzana o isla. Se trata de peatonalizar cada vez más superficie antes invadido por los coches y así favorecer el tránsito ciudadano a pie, en bici etc. De esa manera se baja drásticamente los efectos de la polución y el uso del vehículo por ciudad queda restringido en una gran medida. Los arquitectos Sert y Le corbusier ya en su día quisieron hacer algo parecido en Barcelona pero en esa época las necesidades y el contexto eran otros. Ahora, llegado al punto donde nos encontramos donde se está produciendo una concentración en las zonas industriales urbanas se están afianzando viejos conceptos y actualizándolos de forma rápida en las ciudades más afectadas. El trueque digital de productos y servicios será importante en nuestras vidas.

Está ocurriendo un fenómeno antes nunca acaecido. Durante las épocas industriales hubo lo que todos ya conocemos como éxodo rural, un despoblamiento generalizado de los pueblos y zonas rurales a las ciudades por la necesidad de mano de obra en las fábricas. En estos momentos lo que está ocurriendo es lo que se le llama el éxodo urbano. Que no es más que el éxodo no sólo y en menos medida ya de las zonas rurales a la ciudad sino de las ciudades pequeñas a la gran ciudad. Así ocurre por ejemplo en España, una masificación de población que proviene de capitales de provincia hacia grandes capitales como Madrid y Barcelona fundamentalmente. Este fenómeno se intensificará y así los precios. De tal modo que el modelo antes descrito sobre los "súper edificios" comenzará a agudizarse de manera intensiva y extensiva en las ciudades para dar cabida a esa gran masa de ciudadanos que acuden a la gran ciudad por futuro y por coste. El súper edificio lo que trata es de aminorar el coste de vida. Edificios con apartamentos, calefacción central con sistemas de autoabastecimientos por placas solares y aerogeneradores que abarata la energía que necesitará el súper edificio para abastecer las necesidades del mismo. De la misma manera, la ingeniería desarrollará unos grandes depósitos en el subsuelo aprovechando los acuíferos como el agua de lluvia recogido en los tejados para abaratar así el coste por la toma de agua de la toma general. El hecho que haya más de quinientas y mil personas viviendo en un súper edificio abarata el acceso a internet, servicios médicos, sociales, jurídicos y de educación por ejemplo. Como así el uso de patios deportivos, piscinas, salas de reunión etc. No se preocupen por esas zonas más rurales, serán el campo de cultivo masivo de la huerta de las ciudades. La agricultura será aún más extensiva para poder abastecer a las grandes mega ciudades.

Ahora que la ciencia revela avances científicos en el campo neuronal y del ADN debería establecerse un vínculo político económico científico. No es posible poder vivir más años sin que la economía esté afectada y por ende la sociedad. Por ello, la adaptación de estos tres campos debería ser permanente y en continua evolución. Si ustedes aún no lo saben, les contaré que muy probablemente el ser humano en la próxima generación viva hasta los 120 años. El debate mundial acerca de la viabilidad de las pensiones hoy ya está obsoleta. Recuerden que por defecto los 65 años es una cifra media mundial por la cual el empleado se jubila. Por otro lado la ciencia ya avisa de que nuestra mortandad se alarga a pasos agigantados y eso es una buena noticia pero la viabilidad de las naciones dependerán en gran medida de un plan regenerativo en cuanto a cotizaciones y la vida laboral y financiera del individuo se refiere.

Quizá este sea el debate más profundo que las sociedades mundiales deban emprender de forma inmediata ante los hechos demostrados.

No es posible jubilarse a los 65 años y vivir 100 años. Quizá algunos bolsillos desahogados puedan estar viviendo 35 años sin ingresar capital. Por otro lado el Estado no tiene suficiente músculo financiero para financiar la vida al individuo durante 35 años.

Lo más probable que deba de hacerse será el actualizar la fecha legal de jubilación y extenderla no sólo a los 70 años como muchas sociedades plantean antes los problemas que hoy ya tienen sino a los 75 años e ir actualizando en función de los datos de esperanza de vida.

Este es un debate que requiere voluntad política por el coste electoral que representa y un juicio mediático que cala en lo económico y lo científico.

Quizá esa nueva sociedad de la que vengo hablando esté aún más cerca de lo que pensamos y no todo pasa por el desarrollo tecnológico y logarítmico sino que el bienestar social y la quietud y equilibrio entre países y continentes pasa por la educación entre otras cosas del buen envejecimiento de su población donde haya justicia y dignidad. La educación en valores desde la escuela a las nuevas generaciones es fundamental para que la sociedad pueda acometer esta revolución para que pueda sobrevivir a su propia especie. De lo contrario estamos condenados a extinguirnos por la mala gestión de sus recursos naturales, científicos y económicos.

Deberá suponer una voluntad mundial y una concienciación muy posiblemente con leyes muy severas para aquellos que no quieran aportar al bien común. Habrá fuertes sanciones que estarán tipificadas en los códigos civiles y penales.

Gran parte del desarrollo tecnológico en este sentido y su efecto directo en la economía y así en su sociedad es la tecnología blockchain, cadena de bloques, donde la participación de cualquier tipo de transacción queda grabada en todo proceso. Es justo en este proceso de bloques de dicha transacción donde queda inexorablemente custodiada toda la información del proceso. Y por la razón que sea, si en algún momento la información de parte del proceso se elimina, la información habría quedado guarda en la anterior y posterior cadena de la transacción. La seguridad es el reflejo de esta innovación. Así será también la seguridad personal y el recorrido que hará el ciudadano de manera diaria. Quedará secuenciado y custodiado a efectos de delitos de cualquier tipo. Se tendrá calibrado y monitorizado todo el movimiento de la sociedad y sus ciudadanos. Se sabrá que hacía y donde y por qué y eso ayudará para salvaguardar riesgos sociales y de seguridad de la misma ciudadanía sean robos, agresiones, etc. El debate será de nuevo la privacidad.

Hoy día, muchos de los reguladores, registradores, notarios, parte de la administración central, regional o local entre otros organismos administrativos desaparecerán. La tecnología está muy avanzada y faltaría una regulación legal al respecto y apoyo institucional que estaría por ver. La rapidez y practicidad de forma recíproca entre el emisor y el receptor es más que esperada por parte de la sociedad y una demanda a la exigencia del mundo del siglo XXI. Es una labor mundial por parte de todos los estados, instituciones de orden mundial y las grandes corporaciones que custodiarán todo la información. Estos últimos son los propietarios del desarrollo tecnológico. La base de la futura sociedad.

Es evidente que el alma del ser humano está muriendo por estar a la espera de lo tecnológico. Por no saber luchar. Por no reconocerse como especie. El humano social, inteligente y de valor como especie está sucumbiendo a los nuevos tiempos.

La tendencia en este sentido es clara. Se agudiza con el ingenio de los algoritmos y la raza quedará supeditada al ritmo que marquen las máquinas.

Veo poca gente en los cafés y en los bares. Y los que hay están de paso. Nadie por disfrutar del asueto y de la deriva. Si no es por comer, lo es por beber y sino porque se pasaba por ahí por aquello de lo cultural. Por eso del rol social, de donde y qué hacer un sábado por la tarde. Al igual que los domingos por la tarde. No vayan a los centros comerciales, serán engullidos por la masa infecta de cultura populista.

Verán que el 90% ha entregado su alma a las máquinas, a lo fácil. Y esto pasa por estar de aquí para allá sin sentido y sin pausa. Que todos estén infectados por sus pequeñas causas. Sea el trabajo, la familia, el ocio o sus condicionadas e inservibles vidas.

Hagan un repaso a la suya y pregúntense si es la que han decidido vivir o si hacen lo que desean. Si han tomado decisiones por sí mismos o simplemente van como la corriente del río.

Mucha culpa de este proceso evidentemente lo tiene el capitalismo desmesurado feroz y la organización de las naciones. Es cierto también que difícil es pensar así de pronto en otro tipo de escenario que no sea mejor y con los mismos servicios y calidad de vida. Pero el retroceso moral y humano es de tal calibre que nos hemos convertido en trogloditas. Sin pasado y sin futuro, sólo el que nos cuentan en los medios, sea televisión, radio o prensa. Pero hemos llegado a un punto que gran parte de la población ni los medios frecuentan. Tampoco leen. Tan sólo malgastan su miserable tiempo restante en banalidades en la red social que toque en ese momento haciendo cosas que ni los monos.

La raza humana se lo está poniendo muy fácil a las máquinas. A los ingenieros poderosos. A todos aquellos que no piensan como el resto. A esos que saben, entienden y además disponen de medios para dominar al resto. Así lo están haciendo. Y el fenómeno internet está agudizando este proceso.

Apenas unos años, uno podía hablar de demasiadas cosas con cualquier civil por diferente que fuera su condición social. Evidentemente el nivel de información y de entendimiento no era el mismo según quien pero esto está reduciéndose a la nada. Estamos llenos de información irrelevante y las mentes no entienden, ni saben ni conocen que son.

He visto gente no saber de historia reciente. O de no entender como está organizado un país. O estar sometidos al ritmo y al amparo de la sociedad y vivir feliz como los nuevos tontos diagnosticados.

He visto gente llorar cuando le presionas porque no saben responder y evidencian su falta de todo. También de sentido del humor y de raza para pelear. No tienen tiempo porque lo malgastan en migajas sociales inventadas por los ingenieros poderosos.

Las sociedades occidentales están muriendo en esencia. La políticas de sus gobernantes carentes de rigor y dictadas por líderes de tercera votados por un pueblo maldito e ignorante hace que pierdan la batalla y se vendan también al sobre de lo ridículo como premio de su corta y precaria carrera.

Ya quedan y quedarán pocos intelectuales y filósofos y los que están se retiran a refugiarse de este infectado y estúpido mundo.

El mundo del S.XXI está y estará en manos de grandes corporaciones. Hoy lo están pero estas son muchas. Mañana no serán tantas. Un oligopolio de sectores acaparados por pocas pero grandes corporaciones. El modelo ya se está implantando y es aplicable a cualquier sector, sea este distribución, logística, automovilística, eléctrica, de suministros, turismo, ocio, textil, tecnología, etc. El desarrollo y la implementación de este gran proceso que ya está articulándose viene a ser el sustituto del capitalismo feroz. Será un nuevo sistema llamado corporativismo. Un sistema corporativo que hará gracias a los avances de la tecnología que cada individuo sea directa e indirectamente partícipe de él.

Los indicadores macro y microeconómicos como hoy se conocen dejarán de ser propósitos a cumplir.

Lean a Marx y su obra "El Capital" y agréguenle en lugar del estado intervencionista las grandes corporaciones. Sustituyan la mano de obra que era necesaria en los sistemas comunistas por la robótica y el ser humano será vigilado e intervenido como en los regímenes comunistas por los avisos tecnológicos.

Un individuo del S.XXI estará conectado por móvil, chips y gps vía satélite y las nuevas innovaciones que vendrán. Las grandes corporaciones sabrán las necesidades, ubicación, ambiciones, ideas y creencias del individuo. El algoritmo cuántico desarrollado hará de chivato y será fácil manejar a las masas para según qué cosas o necesidades de la gran corporación. Ésta será la madre de todas las corporaciones. Una grande donde recaerán todos los datos de cada individuo. El estado dejará de existir como hasta ahora en práctica y concepto, las creencias religiosas, ideologías políticas serán sustituidas por el corporativismo. Un sistema que prevalecerá durante siglos por la supervivencia de la masa. Una masa o vulgo controlado por el bien de todos. El detrimento será la privacidad, la libertad, la creatividad, el arte o la cultura general. La especialización será el fin del ciudadano libre y pasará a ser un eslabón que pide, da y denuncia.

El hogar, por su avance será un mero transmisor de cámaras, micrófonos y sensores. La propiedad privada acusará un detrimento en el sentido actual tal cual lo conocemos. Existirá y el ciudadano elegirá qué tener pero la acumulación sólo será posible siempre y cuando los patrones de conducta lo permitan. El gran algoritmo no permitirá que unos acumulen mientras otros viven en precario. Sólo la acumulación estará permitida en bienes y especies bajo consentimiento de la corporación bajo una gran premisa de solidaridad. A diferencia del comunismo, no quiere decir que todos tendrán los mismo, comerán lo mismo y trabajarán los mismo sino que no será permitido comprar una segunda si otro no tiene una primera. Podrá acumular aquello que es sobrante y nunca algo que para otros es una primera necesidad.

Hoy aún no es posible, pero el desarrollo de la tecnología y las redes móviles harán posible un sistema más equitativo en detrimento de muchas otras cosas.

La delincuencia se suprimirá básicamente.

Es muy probable, más que probable que no sucedan guerras. Tan necesarias a nivel estratégico para repoblar, reconstruir y resetear zonas concretas del mundo desarrollado. Es cierto que desde la IIGM no ha habido más guerras mundiales. Si locales por motivos desconocidos oficialmente pero siempre que salvaguardan intereses económicos, sea el petróleo por ejemplo. La religión ha causado estragos, las luchas entre creencias se ha dejado por el camino infinidad de víctimas. Las guerras políticas de ideología variopinta también. Es cierto que el armamento sigue siendo una gran potencia mundial. Sobre todo para aquellos países desarrollados que producen y distribuyen en países en vías de desarrollo o subdesarrollados para emplearlas en sus guerras y batallas entre dictadores sometiendo una vez más a un pueblo muerto de hambre y moribundo.

El mundo sigue y en ese no parar se suceden acontecimientos geopolíticos y estratégicos. El desarrollo viene por la tecnología que es la que dominará el mundo. China cierto es que está encabezando la lista de tales diseños y desarrollos y compite con EE.UU que seguramente perderá su hegemonía. El hecho de que su sociedad, la china, esté prácticamente militarizada hace que su sociedad atienda órdenes sin excusa. EE.UU, en plena democracia y apogeo de derechos es más difícil salvo que la vanguardia de sus empresas hagan ese trabajo.

Las guerras mundiales tal cual las hemos vivido o han reflejado nuestros libros de historias es más que probable que no vuelvan a suceder de manera mundial. Las guerras bacteriológicas estarán más presentes, quizá sea la estrategia portuaria, o la satélite. El fin siempre será debilitar a la masa para hacerla más dependiente y hambrienta.

Pero hay que tener en cuenta que el crecimiento demográfico es tendencioso y la economía globalizada aporta muchos recursos entre unos y otros. Es también cierto que esto facilita la transacción entre unos y otros y la digitalización de los procesos facilita aún más estos procesos. Pero toda tendencia acaba agotándose y eso desata problemas de abastecimiento ya que el crecimiento constante envenena los hábitos de vida, los niveles de endeudamiento y la sostenibilidad de los estados a través de su carga impositiva. Por tanto, como mencionaba antes, las guerras siempre han servido para resetear todos estos procesos y volver a empezar. De ahí las políticas del estado donde intervienen. No olviden ustedes que el estado está en guerra con las grandes corporaciones ya que están perdiendo su hegemonía. Piensen que el ciudadano medio estaba ligado de una o de otra manera al estado, sea por impuestos, funcionarios, pensionistas. Los medios de comunicación hacían concienciar a la gran masa de según qué cosas para generar miedo o codicia. Todo ello dirigido por los gobiernos desde sus medios estatales. Las grandes corporaciones, la excesiva democracia y la digitalización está haciendo que la hiper conectividad de la ciudadanía empieza a desligarse inconscientemente de ese papa estado vital.

Queda dicho que entramos en una nueva época. Nadie sabe dónde y cómo otras que nos precedieron vendrán cambios radicales en todos los sentidos, económicos, migratorios, sociales, políticos. Un cambio de paradigma donde acontece el más creciente desarrollo tecnológico visto nunca. Las grandes potencias luchan contra las grandes corporaciones por establecer el nuevo mundo y ello conlleva nuevas formas vitales. La pregunta no es saber si viviremos en socialismo o liberalismo. La respuesta es evidente, el nuevo mundo no atenderá formatos de otros siglos y el ciudadano dependerá del ciudadano y no del estado.